школа - lekol 2
подорож - vwayaz 5
транспорт - transpor 8
місто - lavil 10
ландшафт - peizaz 14
ресторан - restoran 17
супермаркет - sipermarse 20
напої - labwason 22
їжа - manze 23
ферма - laferm 27
дім - lakaz 31
вітальня - salon 33
кухня - lakwizinn 35
ванна кімната - saldebin 38
дитяча кімната - lasam zanfan 42
одяг - linz 44
офіс - biro 49
економіка - lekonomi 51
професії - travay 53
інструменти - zouti 56
музичні інструменти - instriman lamizik 57
зоопарк - zoo 59
спорт - spor 62
дії - aktivite 63
сім'я - fami 67
тіло - lekor 68
лікарня - lopital 72
аварійний випадок - irzans 76
Земля - later 77
годинник - orloz 79
тиждень - lasemenn 80
рік - lane 81
форми - form 83
фарби - bann kouler 84
протилежності - opozision 85
числа - nimero 88
мови - bann langaz 90
хто / що / як - kisana / kiete / kouma 91
де - kotsa 92

Impressum
Verlag: BABADADA GmbH, Nedderfeld 112 , 22529 Hamburg
Geschäftsführer / Verlagsleitung: Harald Hof
Druck: Books on Demand GmbH, In de Tarpen 42, 22848 Norderstedt

Imprint
Publisher: BABADADA GmbH, Nedderfeld 112 , 22529 Hamburg, Germany
Managing Director / Publishing direction: Harald Hof
Print: Books on Demand GmbH, In de Tarpen 42, 22848 Norderstedt, Germany

школа

lekol

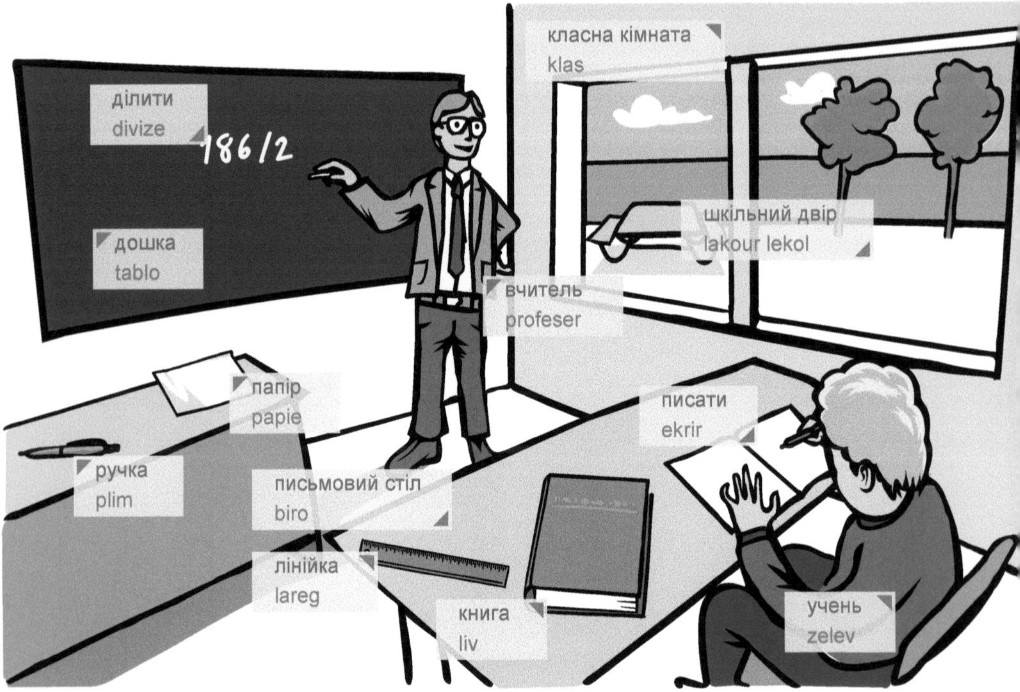
класна кімната
klas
ділити
divize
186/2
дошка
tablo
шкільний двір
lakour lekol
вчитель
profeser
папір
papie
писати
ekrir
ручка
plim
письмовий стіл
biro
лінійка
lareg
книга
liv
учень
zelev

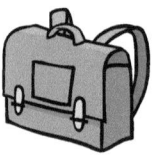

ранець

sak lekol

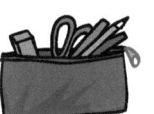

пенал

plimie

олівець

kreyon

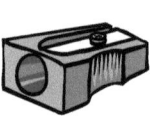

точило

egizwar

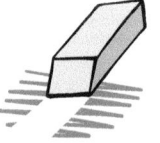

гумка

gom

альбом для малювання

kaye desin

малюнок

desin

пензель

pinso

коробка фарб

bwat lapintir

ножиці

sizo

клей

lakol

зошит

kaye devwar

домашнє завдання

devwar

число

nimero

число

azoute

додавати

віднімати

retire

множити

miltipliye

рахувати

kalkile

літера

let

абетка

alfabet

слово

mo

текст

text

читати

lir

крейда

lakre

година

leson

класний журнал

rezis

екзамен

lexame

диплом

sertifika

шкільна форма

iniform lekol

освіта

ledikasion

лексикон

lansiklopedi

університет

liniversite

мікроскоп

mikroskop

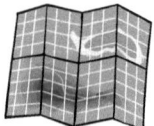

карта

map

кошик для паперу

poubel

подорож

vwayaz

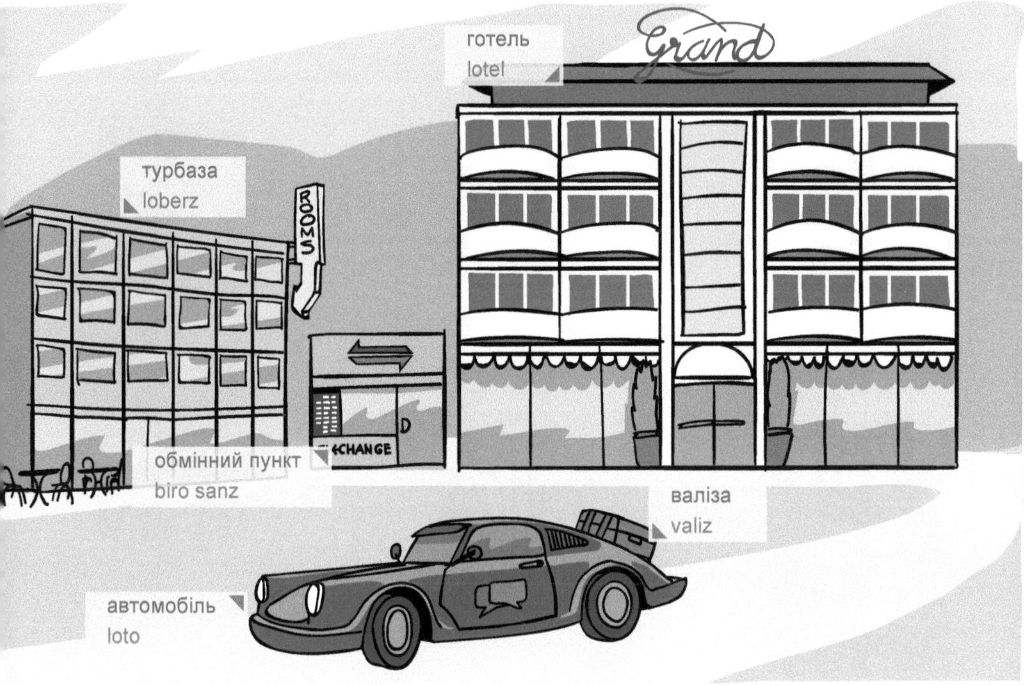

Grand
готель
lotel
турбаза
loberz
ROOMS
CHANGE
обмінний пункт
biro sanz
валіза
valiz
автомобіль
loto

мова

langaz

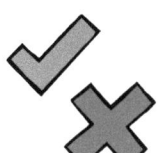

так / ні

wi / non

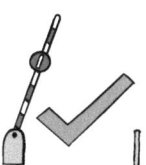

добре

okay

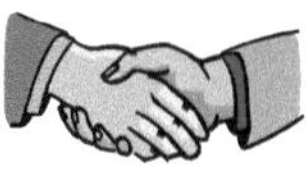

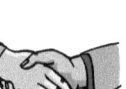

привіт

Alo

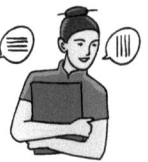

перекладач

tradikter

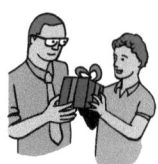

дякую

Mersi

Скільки коштує ...?

komie sa..?

Я не розумію

Mo pa pe konpran

проблема

problem

Добрий вечір!

Bonswar!

Доброго ранку!

Bonzour!

На добраніч!

Bonn nwi!

До побачення

o-revwar

напрямок

direksion

багаж

bagaz

сумка

sak

рюкзак

sak-a-do

гість

ot

кімната

pies

спальний мішок

sak kousaz

намет

latant

туристична інформація

lofis tourism

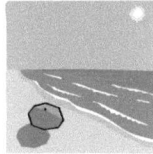

пляж

laplaz

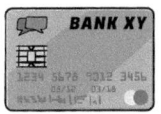

кредитна картка

kart kredi

сніданок

ti-dezene

обід

dezene

вечеря

dine

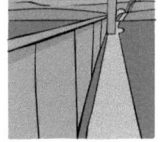

квиток

biye

ліфт

lasanser

поштова марка

tem

межа

frontier

митниця

ladwann

посольство

lanbasad

віза

viza

паспорт

paspor

транспорт
transpor

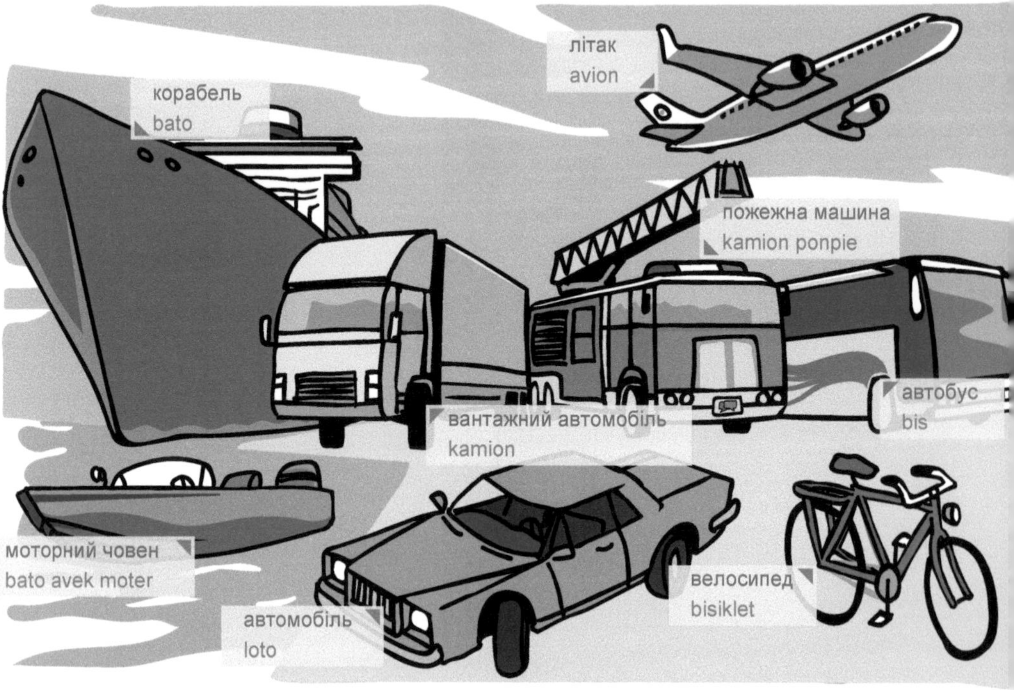

літак
avion
корабель
bato
пожежна машина
kamion ponpie
автобус
bis
вантажний автомобіль
kamion
моторний човен
bato avek moter
велосипед
bisiklet
автомобіль
loto

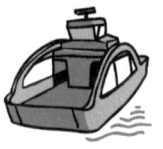

пором

feri

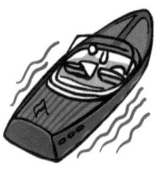

човен

bato

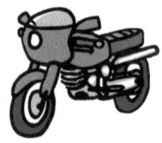

мотоцикл

motosiklet

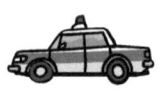

поліцейська машина

loto lapolis

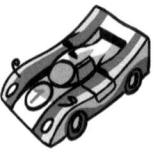

гоночний автомобіль

loto lekours

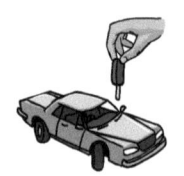

автомобіль на прокат

loto lokasion

пільне користування авто

ko-vwatiraz

евакуатор

kamion towing

сміттєвоз

kamion salte

двигун

moter

паливо

lesans

автозаправна станція

filing

дорожній знак

pano indikasion

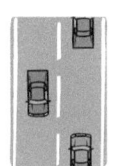

рух

trafik

затор

anbouteyaz

стоянка

parking

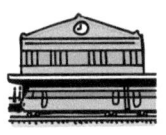

вокзал

stasion trin

рейки

ray

потяг

trin

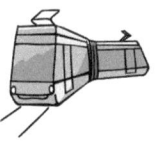

трамвай

tram

вагон

vagon

гелікоптер

elikopter

аеропорт

aeropor

вежа

towing

пасажир

pasaze

контейнер

kontener

коробка

karton

візок

sario

кошик

panie

стартувати / приземлятися

dekole / aterir

місто

lavil

село

vilaz

центр міста

sant-vil

дім

lakaz

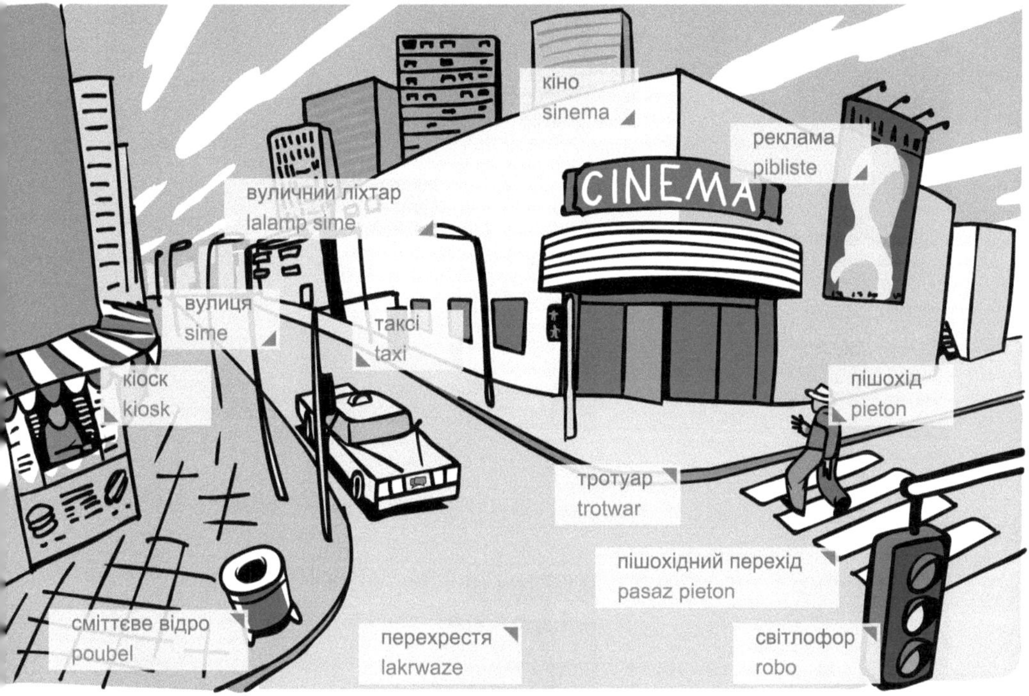

кіно
sinema

реклама
pibliste

CINEMA

вуличний ліхтар
lalamp sime

вулиця
sime

таксі
taxi

кіоск
kiosk

пішохід
pieton

тротуар
trotwar

пішохідний перехід
pasaz pieton

світлофор
robo

сміттєве відро
poubel

перехрестя
lakrwaze

хатина

kabann

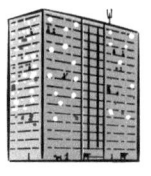

квартира

flat

вокзал

stasion trin

ратуша

minisipalite

музей

mize

школа

lekol

університет

liniversite

банк

labank

лікарня

lopital

готель

lotel

аптека

farmasi

офіс

biro

книжковий магазин

libreri

магазин

magazin

квітковий магазин

fleris

супермаркет

sipermarse

ринок

bazar

універмаг

gran magazin

торговець рибою

pwasonnri

торговельний центр

sant komersial

гавань

lepor

парк
park

лава
labank

міст
pon

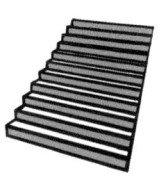

сходи
leskalie

метро
metro

тунель
tinel

автобусна зупинка
bistop

бар
bar

ресторан
restoran

поштова скринька
bwat-a-let

вулична табличка
pano

лічильник паркування
parkmet

зоопарк
zoo

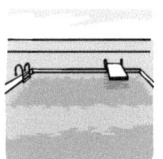

басейн
pisinn

мечеть
moske

ферма

laferm

забруднення навколишнього середовища

pollision

кладовище

simitier

церква

legliz

дитячий майданчик

lespas pou zwe

храм

tanp

ландшафт

peizaz

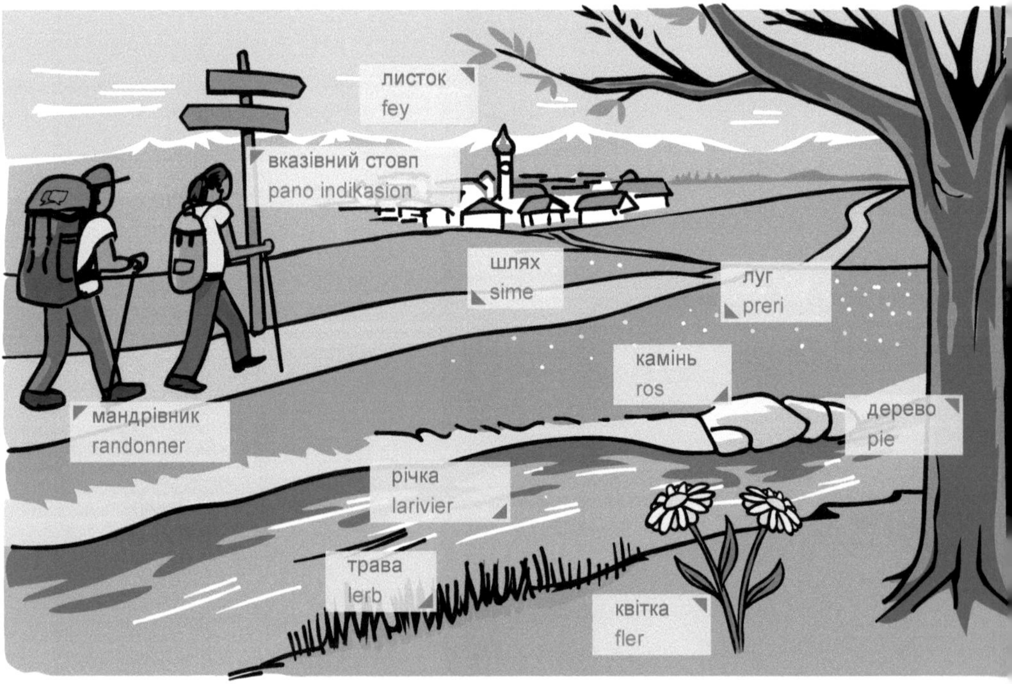

листок
fey

вказівний стовп
pano indikasion

шлях
sime

луг
preri

камінь
ros

дерево
pie

мандрівник
randonner

річка
larivier

трава
lerb

квітка
fler

долина

lavale

гора

kolinn

озеро

lak

ліс

bwa

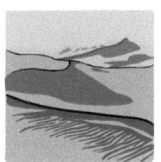

пустеля

dezer

вулкан

volkan

замок

sato

веселка

larkansiel

гриб

sanpinion

пальма

palmie

комар

moutik

муха

mous

мурашка

fourmi

бджола

abey

павук

zarenie

жук

koksinel

жаба

grenouy

вивірка

ekirey

їжак

erison

заєць

lapin

сова

ibou

птах

zwazo

лебідь

sign

кабан

sangliye

олень

serf

лось

elan

гребля

dam

вітряк

eolienn

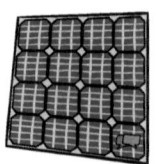

сонячний модуль

pano soler

клімат

klima

ресторан
restoran

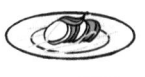

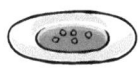

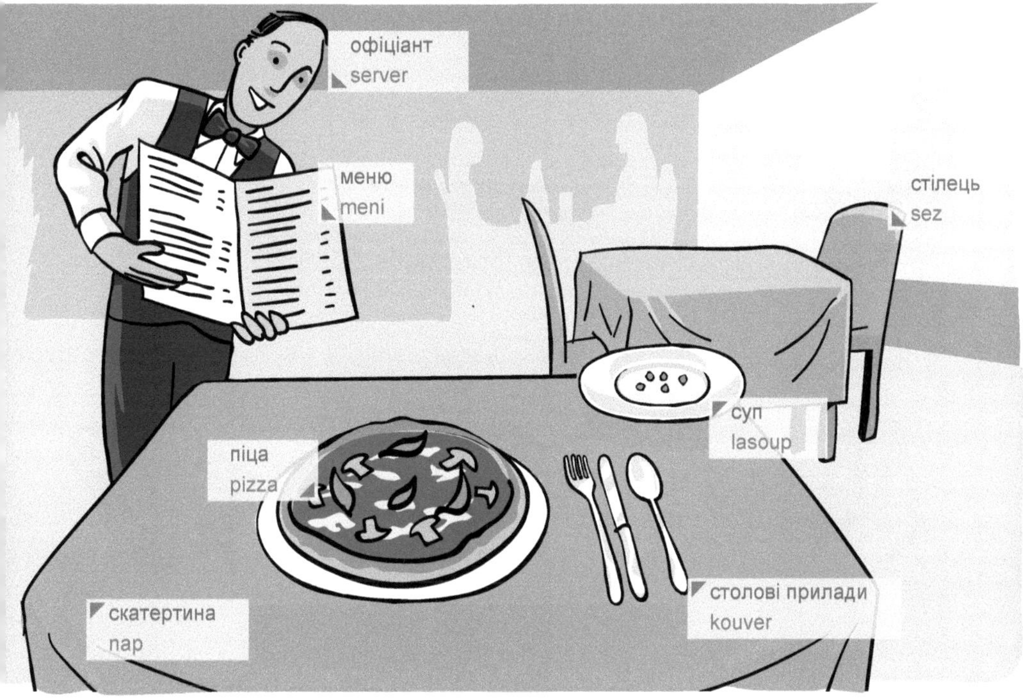
офіціант
server
меню
meni
стілець
sez
суп
lasoup
піца
pizza
скатертина
nap
столові прилади
kouver

закуска

lantre

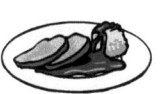

друга страва

pla prinsipal

десерт

deser

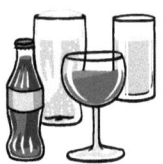

напої

labwason

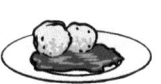

їжа

manze

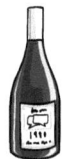

пляшка

boutey

фаст-фуд

fast food

вулична їжа

take-away

чайник

teyer

цукорниця

po disik

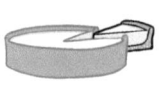

порція

porsion

еспресо-машина

masinn expresso

високий стільчик

sez-ot

рахунок

bill

піднос

plato

ніж

kouto

вилка

fourset

ложка

kwiyer

чайна ложка

ti-kwiyer

серветка

serviet

склянка

ver

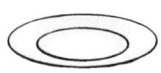

тарілка

lasiet

тарілка для супу

lasiet

блюдце

soukoup

соус

lasos

солонка

po disel

млин для перцю

moulin dipwav

оцет

vineg

масло

delwil

спеції

zepis

кетчуп

ketchup

гірчиця

lamoutard

майонез

mayonez

супермаркет
sipermarse

пропозиція
promosion
FOR
клієнт
klian
молочні продукти
prodwi a baz dile
фрукти
frwi
візок для покупок
trole

BUTCHERS

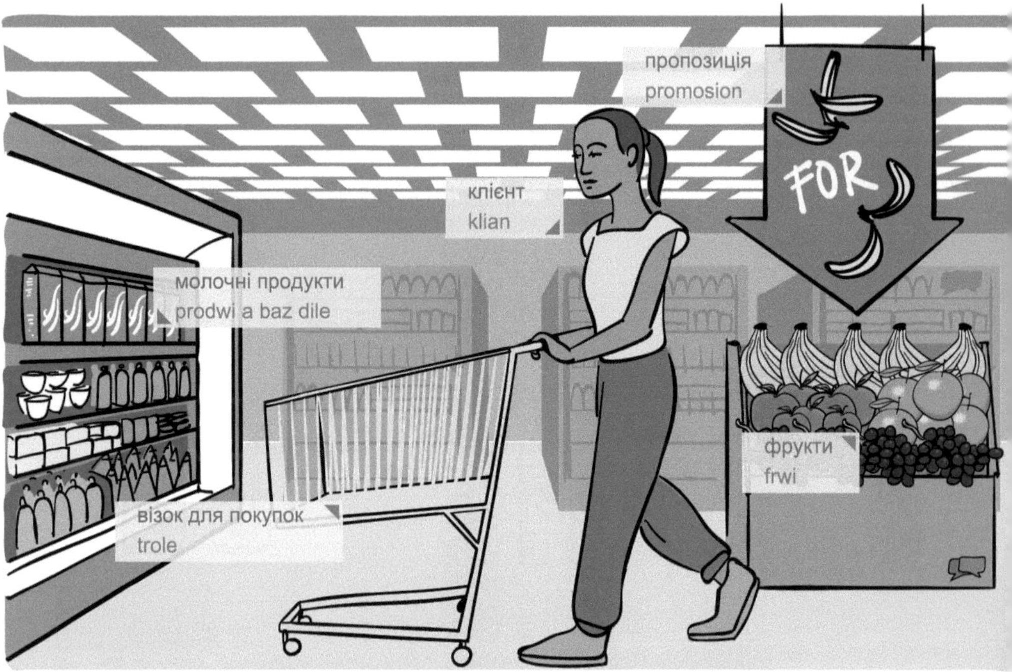

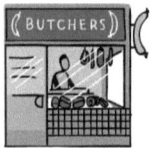

м'ясний магазин

bousri

BAKERY

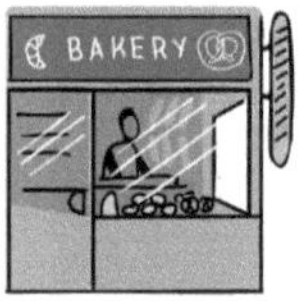

пекарня

boulanzri

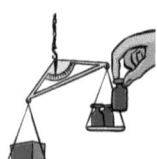

зважувати

peze

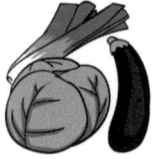

овочі

legim

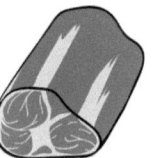

м'ясо

laviann

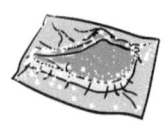

заморожені продукти

aliman konzele

ковбасна нарізка

sarkitri

консерви

bwat konserv

пральний порошок

lapoud masinn

солодощі

bonbon

предмети домашнього побуту

komision

мийний засіб

deterzan

продавщиця

vandez

каса

lakes

касир

kesie

список покупок

lalis komision

часи роботи

ouvertir

гаманець

portfey

кредитна картка

kart kredi

сумка

sak

поліетиленовий пакет

sak plastik

вода

delo

сік

zi

молоко

dile

кола

coca

вино

divin

пиво

labier

алкоголь

lalkol

какао

sokola so

чай

dite

кава

kafe

еспресо

expresso

капучіно

cappuccino

банан

banann

яблуко

pom

апельсин

zoranz

кавун

melon

лимон

sitron

морква

karot

часник

lay

бамбук

banbou

цибуля

zwayon

гриб

sanpiyon

горішки

nwazet

локшина

minn

спагеті

spageti

рис

diri

салат

salad

картопля фрі

chips

смажена картопля

pomdeter frir

піца

pizza

гамбургер

burger

бутерброд

sandwich

шніцель

eskalop

шинка

zanbon

салямі

salami

ковбаса

sosis

курка

poul

печеня

roti

риба

pwason

їжа - manze

вівсяні пластівці

oatmeal

мюслі

muesli

кукурудзяні пластівці

kornbif

борошно

lafarinn

круасан

krwasan

булочка

ti-dipin

хліб

dipin

тостовий хліб

dipin griye

печиво

biskwi

масло

diber

сир

fromaz blan

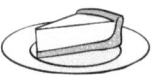

пиріг

gato

яйце

dizef

яєчня

dizef frir

сир

fromaz

морозиво

sorbe

цукор

disik

мед

dimiel

мармелад

konfitir

нуга-крем

nouga

карі

kari

ферма
laferm

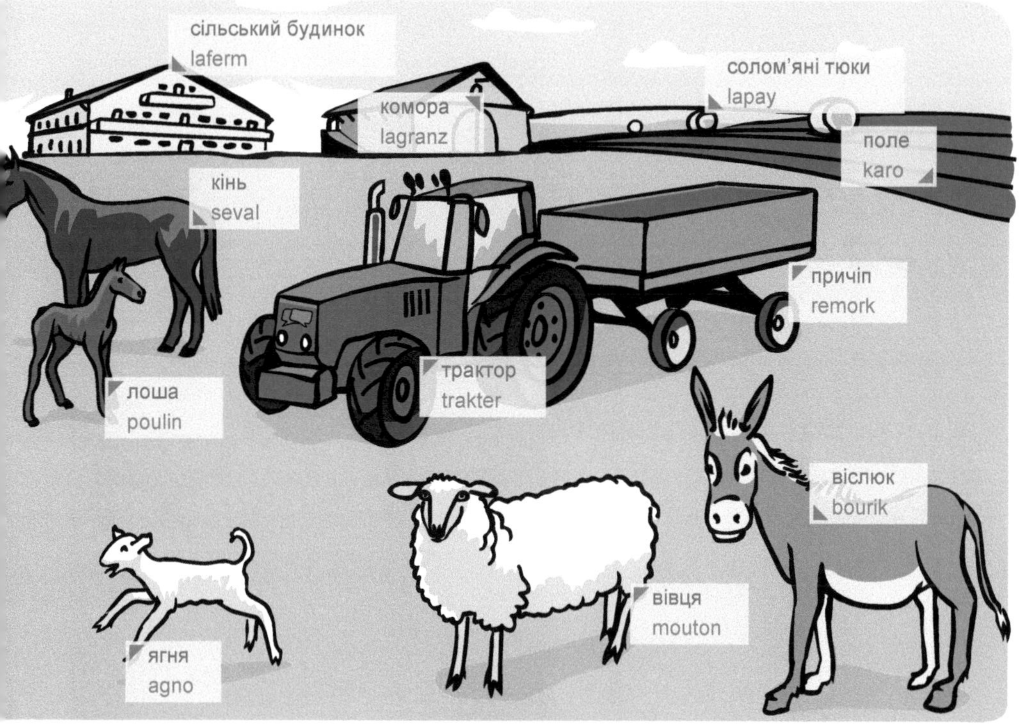

сільський будинок
laferm
комора
lagranz
солом'яні тюки
lapay
поле
karo
кінь
seval
причіп
remork
лоша
poulin
трактор
trakter
віслюк
bourik
вівця
mouton
ягня
agno

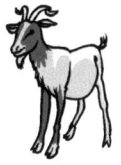

коза

kabri

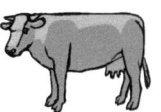

корова

vas

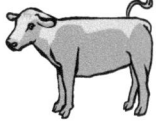

теля

vo

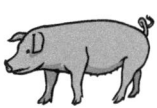

свиня

koson

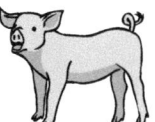

порося

ti-koson

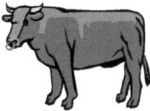

бик

toro

гусак

lezwa

качка

kanar

курча

pousin

курка

poul

півень

kok

щур

lera

кіт

sat

миша

souri

віл

bef

собака

lisien

собача будка

lakaz lisien

садовий шланг

tiyo

лійка

arozwar

коса

laserp

плуг

saret

серп
fosi

мотика
pios

вила
fours

сокира
lars

тачка
bouret

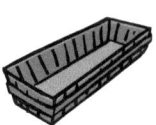

корито
kiv

бідон молока
bwat dile

мішок
sak

паркан
fencing

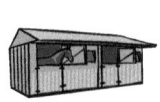

хлів
letab

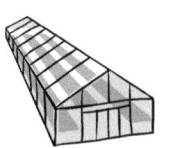

теплиця
laser

ґрунт
later

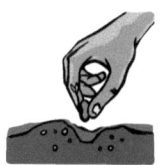

насіння
lagrin

добриво
langre

комбайн
masinn pou fer rekolt

пожинати

rekolte

урожай

rekolt

корінь ямсу

ignam

пшениця

dible

соя

soya

картопля

pomdeter

кукурудза

may

ріпак

colza

плодове дерево

zarb frwitie

маніок

maniok

злаки

sereal

ферма - laferm

дім
lakaz

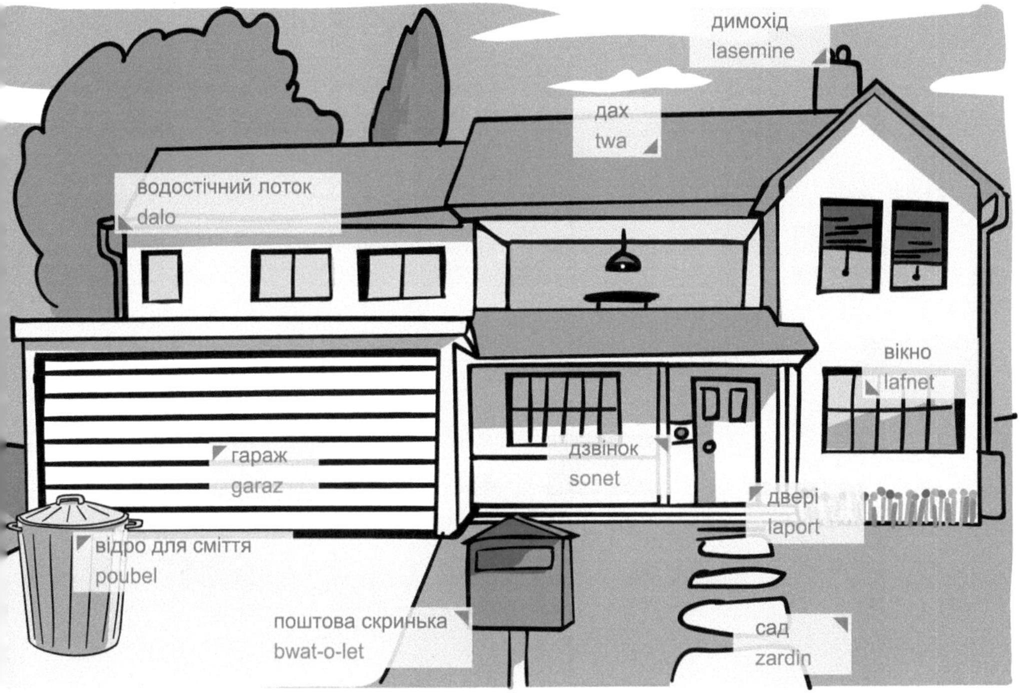

димохід
lasemine
дах
twa
водостічний лоток
dalo
вікно
lafnet
гараж
garaz
дзвінок
sonet
двері
laport
відро для сміття
poubel
поштова скринька
bwat-o-let
сад
zardin

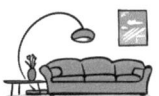

вітальня

salon

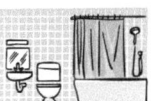

ванна кімната

saldebin

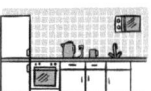

кухня

lakwizinn

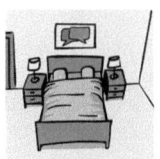

спальня

lasam

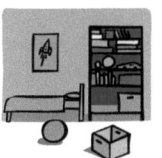

дитяча кімната

lasam zanfan

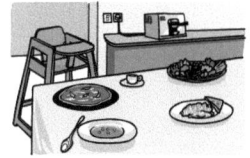

їдальня

salamanze

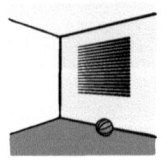

підлога

sali

стіна

miray

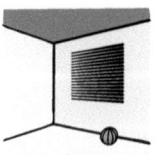

стеля

plafon

підвал

lakav

сауна

sona

балкон

balkon

тераса

teras

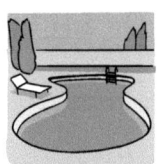

басейн

pisinn

косарка

masinn koup gazon

простирало

dra

ковдра

kwet

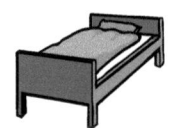

ліжко

lili

мітла

balie

відро

seo

перемикач

take lalimier

вітальня
salon

шпалери
papie-pin
малюнок
foto
лампа
lalamp
поличка
letazer
шафа
larmwar
телевізор
televizion
камін
lasemine
квітка
fler
подушка
kousin
диван
sofa
ваза
vaz
пульт
rimot-kontrol

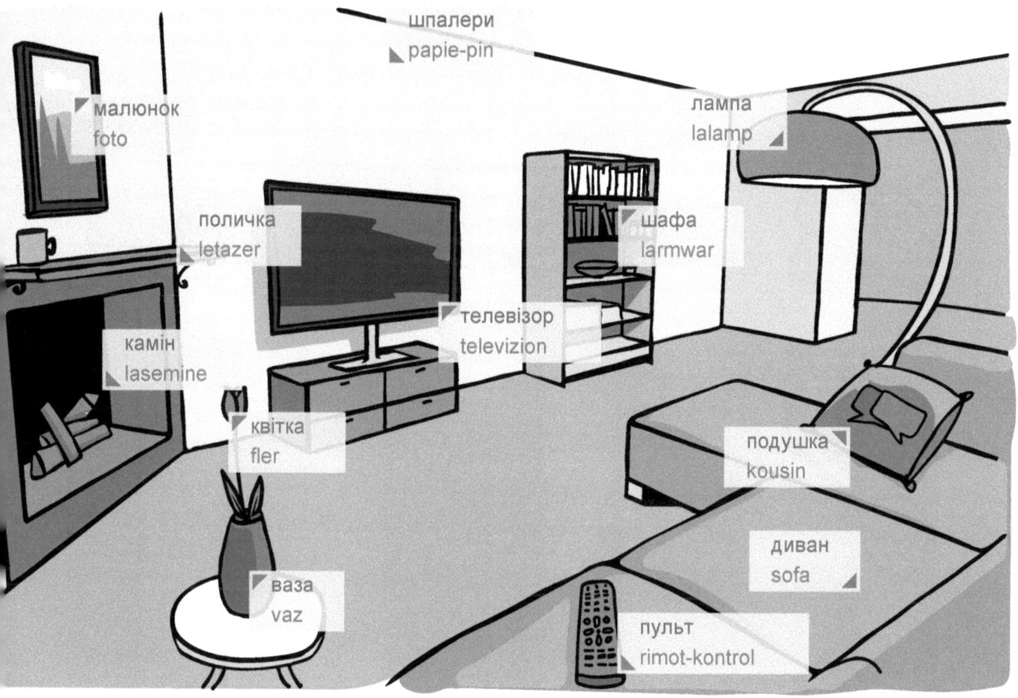

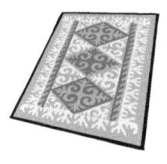

килим
tapi

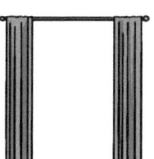

завіса
rido

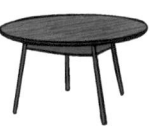

стіл
latab

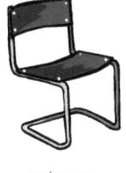

стілець
sez

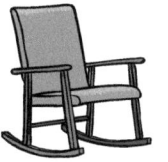

крісло-гойдалка
rocking chair

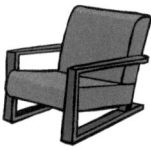

крісло
fotey

книга

liv

ковдра

kouvertir

прикраса

dekorasion

дрова

dibwa foye

фільм

fim

стереосистема

hi-fi

ключ

lakle

газета

zournal

картина

lapintir

плакат

poster

радіо

radio

блокнот

bloknot

пилосос

laspirater

кактус

kaktis

свічка

labouzi

кухня
lakwizinn

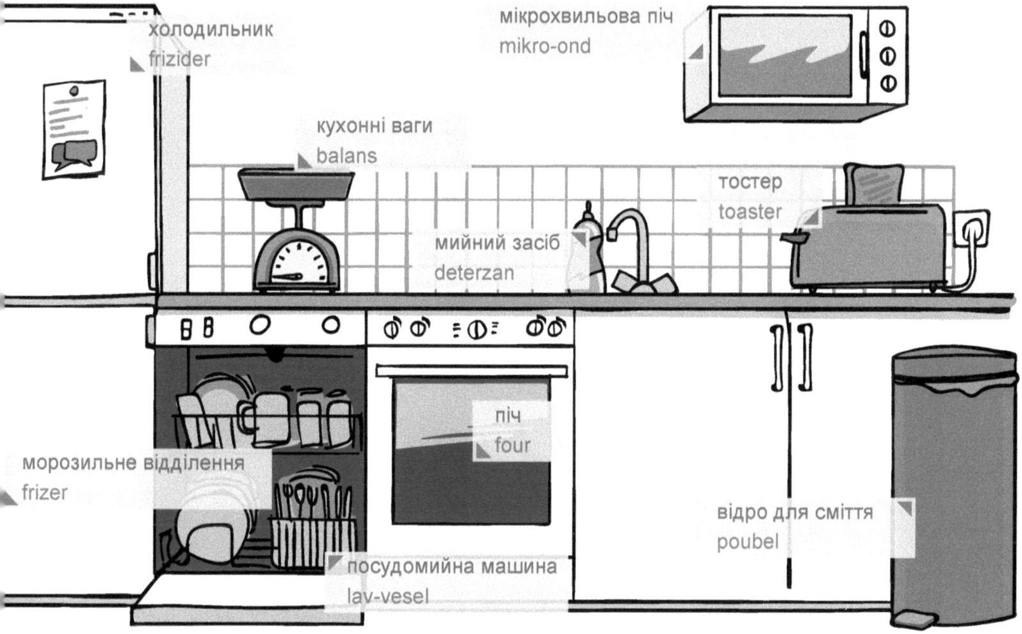
холодильник
frizider
мікрохвильова піч
mikro-ond
кухонні ваги
balans
тостер
toaster
мийний засіб
deterzan
піч
four
морозильне відділення
frizer
відро для сміття
poubel
посудомийна машина
lav-vesel

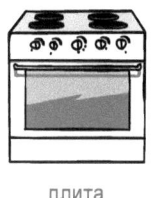

плита
four

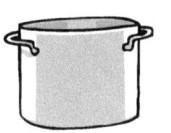

горщик
kasrol

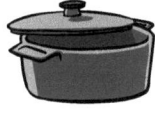

чавунний горщик
marmit

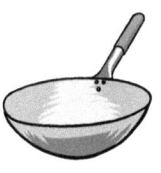

вок / кадай
wok

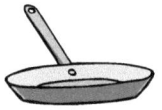

сковорода
pwal

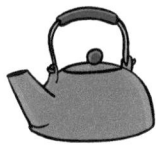

чайник
boulwar

пароварка

steamer

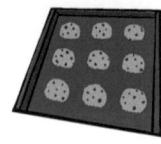

лист

plak kwison

посуд

vesel

кухоль

goble

чаша

bol

палички для їжі

baget sinwa

черпак

lous

лопатка

spatil

вінчик для збивання

fwet

сито

paswar

сито

tami

терка

larap

ступка

mortie

барбекю

griyad

багаття

lasemine

дошка

biyo

качалка

roulo

штопор

tirbouson

конзерва

bwat konserv

відкривачка

ouvbwat

прихватки

legan proteksion

раковина

lavabo

щітка

bros

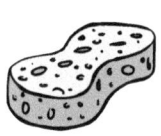

губка

leponz

міксер

blender

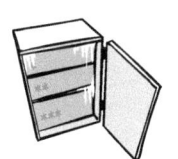

морозильна камера

konzelater

дитяча пляшка

bibron

кран

robine

ванна кімната
saldebin

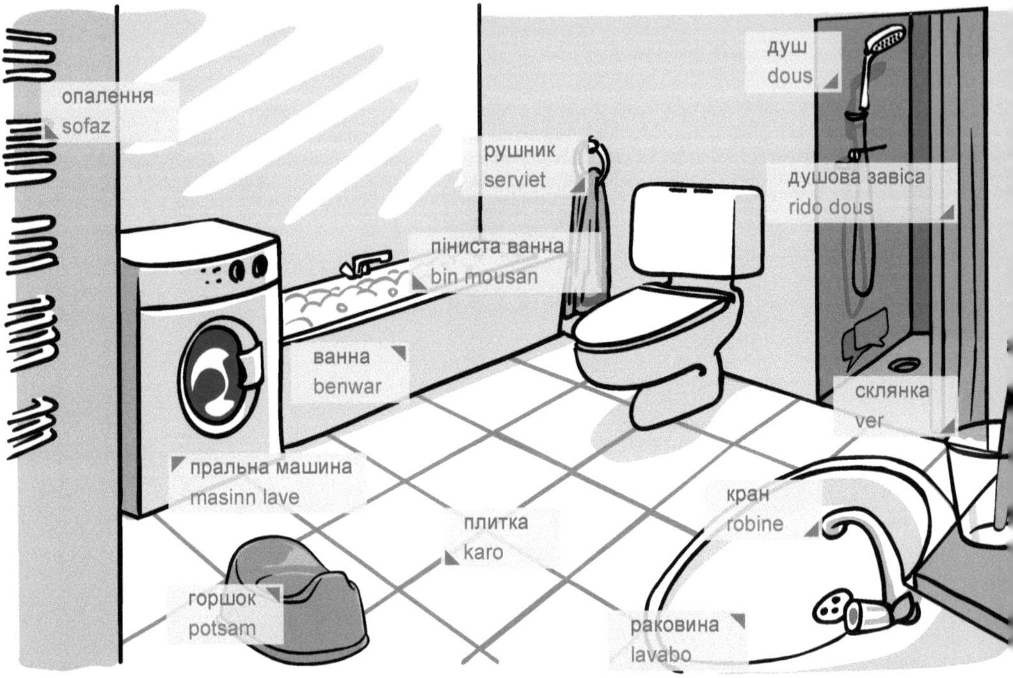

душ
dous

опалення
sofaz

рушник
serviet

душова завіса
rido dous

пініста ванна
bin mousan

ванна
benwar

склянка
ver

пральна машина
masinn lave

кран
robine

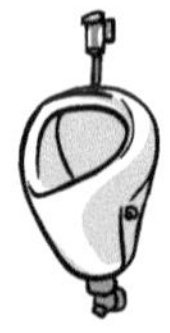

плитка
karo

горшок
potsam

раковина
lavabo

туалет	підлоговий туалет	біде
twalet	twalet	bide

пісуар	туалетний папір	щітка для туалету
piswar	papie twalet	bros twalet

зубна щітка

bros ledan

зубна паста

dantifris

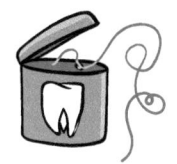

нитка для чищення зубів

fil danter

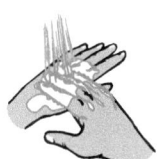

мити

lave

ручний душ

ti-bin

інтимний душ

dous

таз

basin

щітка для спини

bros ledo

мило

savon

гель для душу

zel dous

шампунь

sanpwin

мочалка

gandebin

водостік

drin

крем

lakrem

дезодорант

deodoran

дзеркало

mirwar

косметичне дзеркало

mirwar

бритва

razwar

піна для гоління

lamous pou raze

лосьйон після гоління

apre-razaz

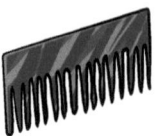

гребінь

pengn

щітка

bros

фен

seswar

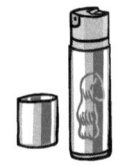

лак для волосся

lak

косметика

makiyaz

губна помада

dirouz

лак для нігтів

verni

вата

cotton wool

ножиці для нігтів

tay-zong

парфум

parfin

косметичка

trous twalet

табурет

stoul

ваги

balans

халат

penwar

гумові рукавички

legan netwayaz

тампон

tanpon

гігієнічні прокладки

serviet izienik

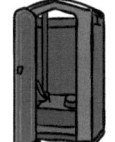

біотуалет

twalet simik

дитяча кімната
lasam zanfan

будильник
revey
м'яка іграшка
doudou
іграшковий автомобіль
ti loto
брязкальце
ose
ляльковий будиночок
lakaz zouzou
подарунок
kado

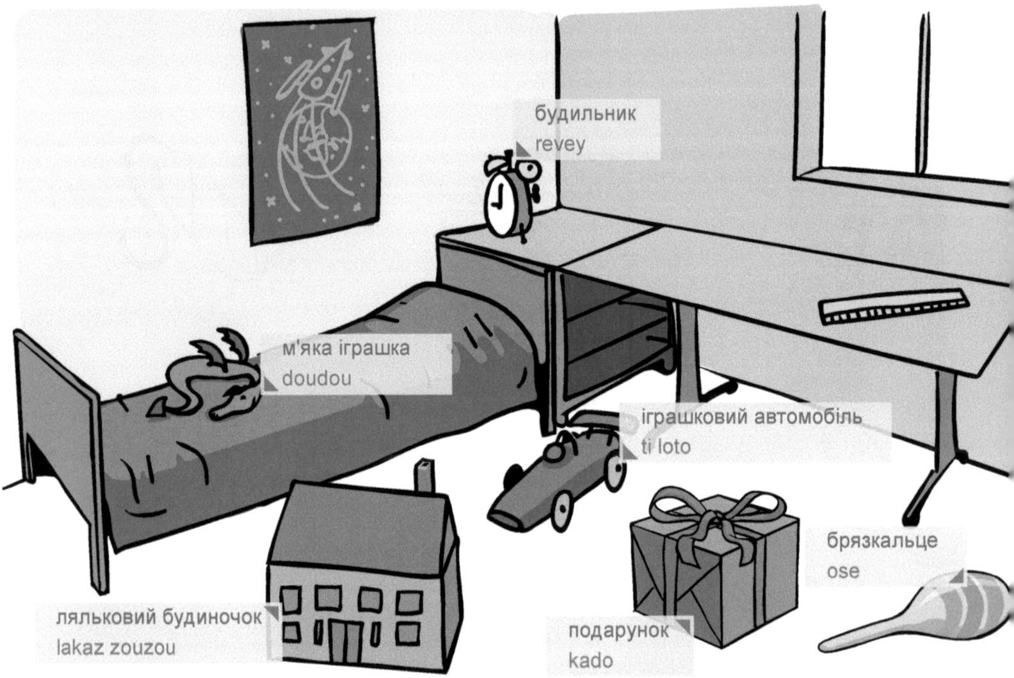

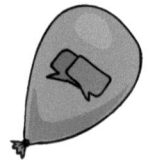

повітряна кулька

balon

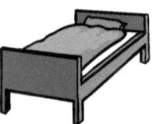

ліжко

lili

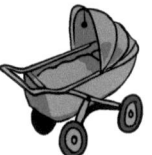

дитячий візок

pouset

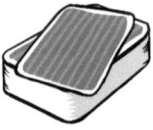

картярська гра

kart

пазл

puzzle

SUPER MEGA

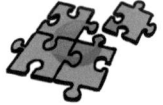

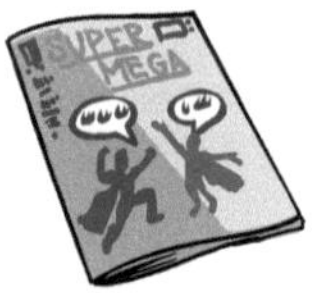

комікс

tikomik

лего цеглинки

lego

блоки

lego

іграшкова фігурка

figirinn

повзунки

grenouyer

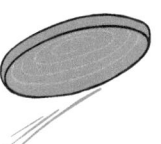

фризбі

frisbee

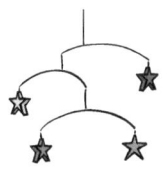

мобіле

mobil

настільна гра

zwe

кубик

lede

модель залізнична станція

trin zouzou

соска

siset

вечірка

fet

книжка з картинками

liv ek zimaz

м'яч

boul

лялька

poupet

грати

zwe

пісочниця

bak-a-sab

гойдалка

balanswar

іграшка

zouzou

гральна консоль

game

триколісний велосипед

trisik

плюшевий мішка

nounours

шафа

larmwar

одяг
linz

шкарпетки

soset

панчохи

leba

колготки

kolan

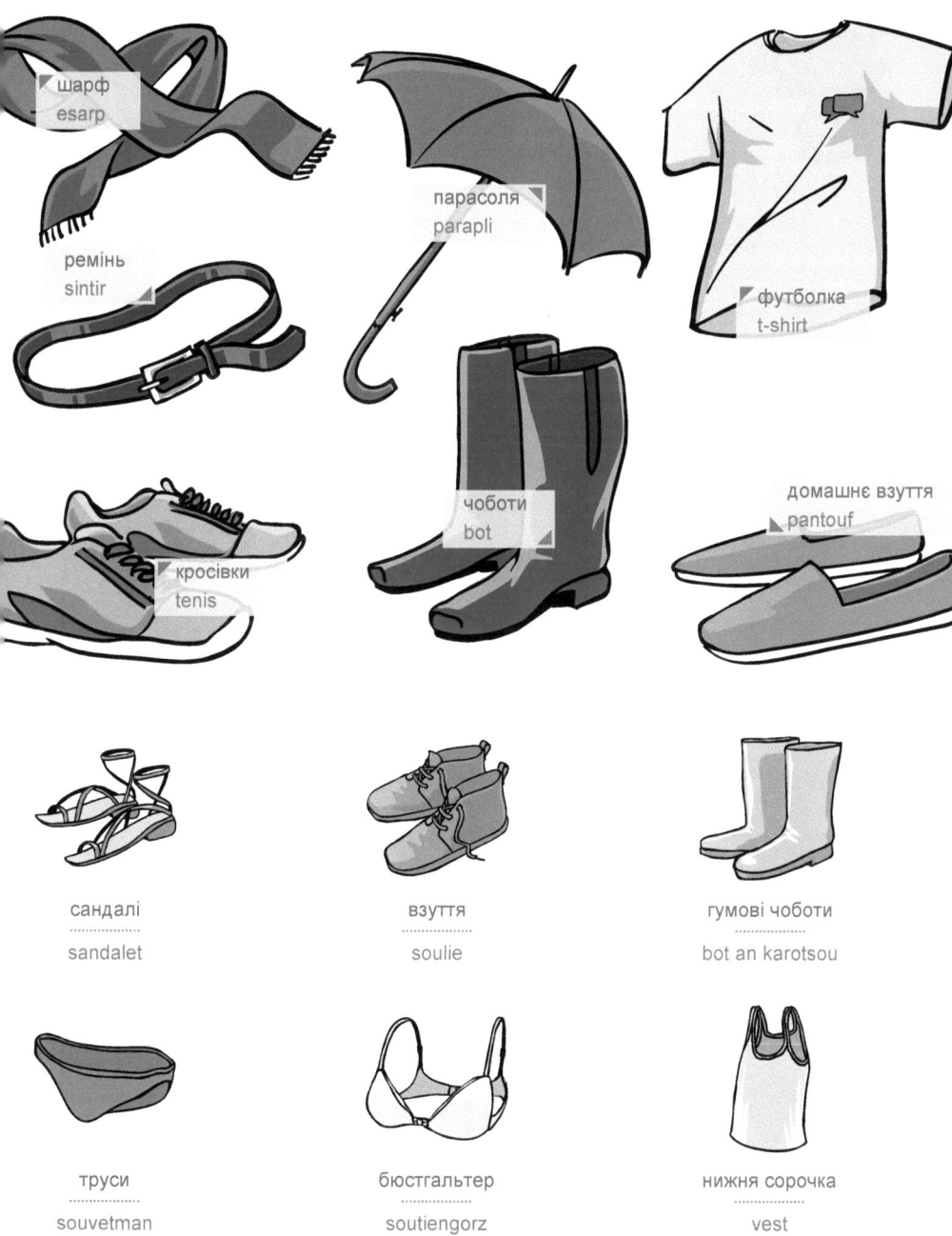

шарф
esarp

парасоля
parapli

футболка
t-shirt

ремінь
sintir

чоботи
bot

домашнє взуття
pantouf

кросівки
tenis

сандалі

sandalet

взуття

soulie

гумові чоботи

bot an karotsou

труси

souvetman

бюстгальтер

soutiengorz

нижня сорочка

vest

боді

body

штани

pantalon

джинси

jeans

спідниця

zip

блузка

blouz

сорочка

simiz

пуловер

pull-over

светр

blouzon ek kapison

піджак

vest

куртка

jaket

пальто

manto

дощовик

pardesi

костюм

kostim

сукня

rob

весільна сукня

rob lamarye

костюм

kostim

нічна сорочка

robdesam

піжама

pizama

capi

sari

головна хустка

foular

чалма

tirban

бурка

bourka

кафтан

kaftan

абая

abaya

купальник

mayo de bin

плавки

mayo de bin

шорти

sorti de sekour

тренувальний костюм

linz spor

фартух

tabliye

рукавички

legan

гудзик

bouton

окуляри

linet

браслет

brasle

ланцюг

kolie

кільце

bag

сережка

zanon

шапка

bone

плічка

sint

капелюх

sapo

краватка

kravat

застібка-блискавка

fermetirekler

шолом

elmet

підтяжки

bretel

шкільна форма

iniform lekol

уніформа

iniform

нагрудник
bavwar

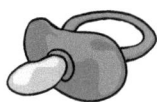

соска
siset

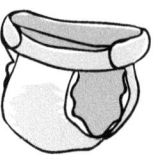

підгузок
lanz

офіс
biro

сервер
server

шаф для документів
larmwar arsiv

принтер
printer

монітор
lekran

папір
papie

миша
mouse

письмовий стіл
biro

папка
klaser

синтезатор
klavie

кошик для паперу
poubel

комп'ютер
ordinater

стілець
sez

кавовий кухоль
mug

калькулятор
kalkilatris

інтернет
internet

ноутбук

laptop

лист

let

повідомлення

mesaz

мобільний телефон

portab

мережа

rezo

копіювальний пристрій

fotokopi

програмне забезпечення

lozisiel

телефон

telefonn

розетка

priz

факс

fax

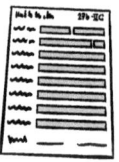

бланк

form

документ

dokiman

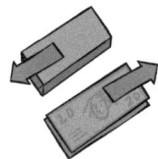

купувати

aste

платити

peye

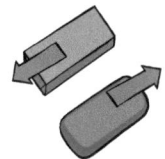

торгувати

fer biznes

гроші

larzan

 USD

долар

dolar

 EUR

євро

euro

 JPY

ієна

yen

 RUB

рубль

rouble

 CHF

франк

fran swis

 CNY

юанів женьміньбі

renminbi yuan

 INR

рупія

roupi

банкомат

distribiter biye

обмінний пункт

biro sanz

золото

lor

срібло

larzan

нафта

petrol

енергія

lenerzi

ціна

pri

контракт

kontra

податок

tax

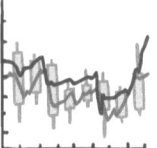

акція

aksion

працювати

travay

працівник

anplwaye

роботодавець

anplwayer

фабрика

lizinn

магазин

magazin

професії

travay

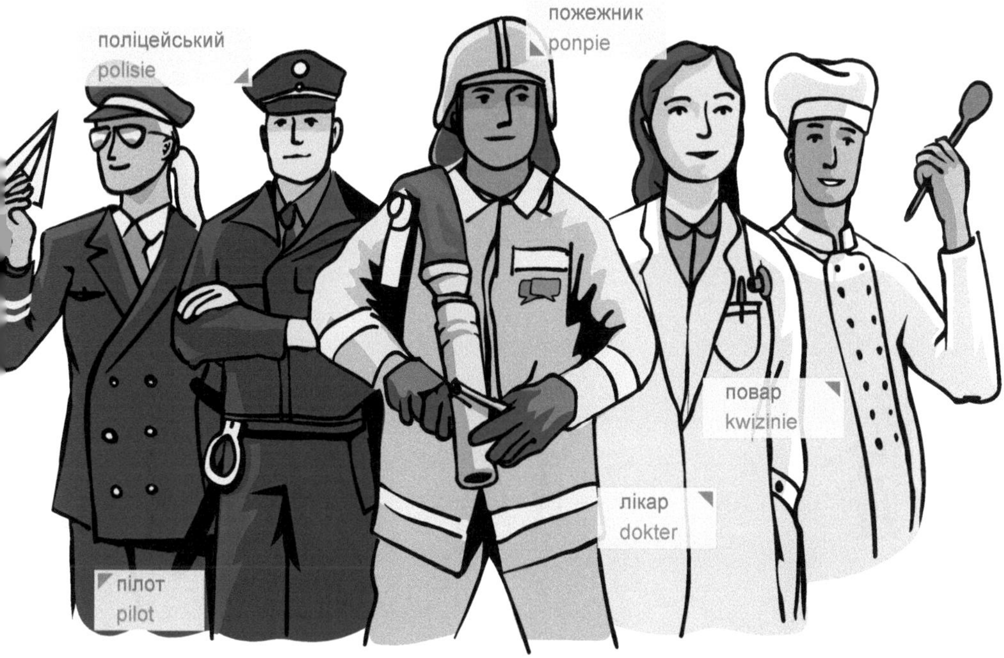
поліцейський
polisie
пожежник
ponpie
повар
kwizinie
лікар
dokter
пілот
pilot

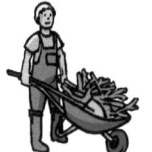

садівник

zardinie

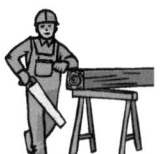

столяр

sarpantie

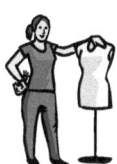

швачка

koutirier

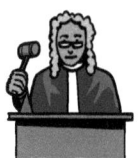

суддя

ziz

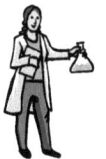

хімік

simis

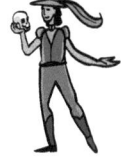

актор

akter

водій автобуса

sofer bis

таксист

sofer taxi

рибалка

peser

прибиральниця

bonn

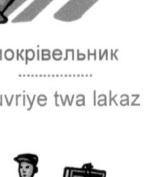

покрівельник

zouvriye twa lakaz

офіціант

server

мисливець

saser

художник

pint

пекар

boulanze

електрик

elektrisien

будівельник

zouvriye

інженер

inzenier

забійник

bouse

бляхар

plonbie

листоноша

fakter

солдат
solda

архітектор
arsitek

касир
kesie

флорист
fleris

перукар
kwafez

кондуктор
chek

механік
mekanisien

капітан
kapitenn

дантист
dantis

вчений
siantis

рабин
rabi

імам
imam

монах
mwann

пастор
pret

інструменти

zouti

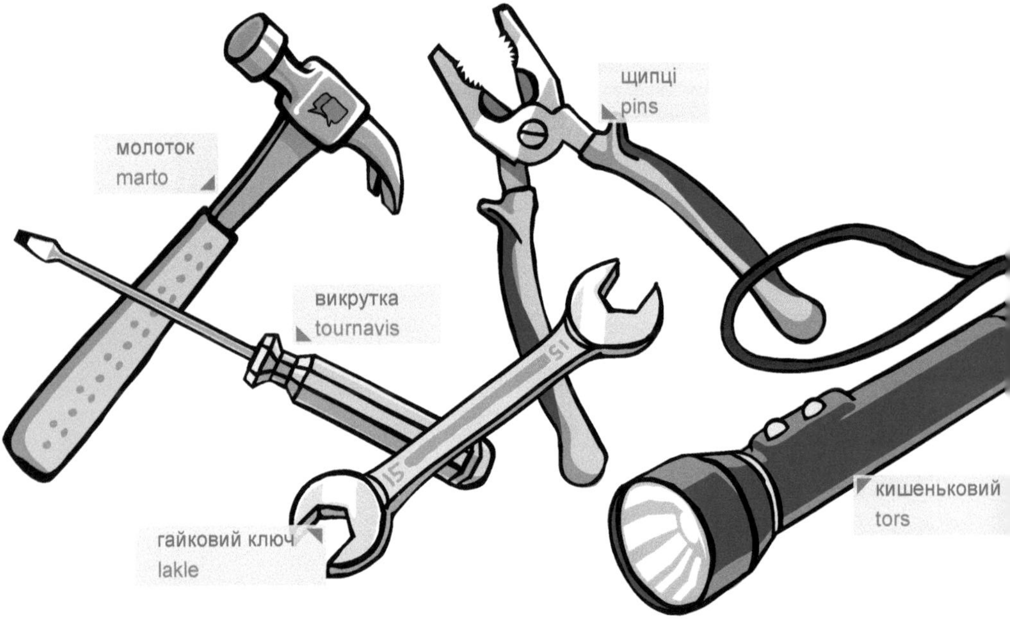
щипці
pins
молоток
marto
викрутка
tournavis
гайковий ключ
lakle
кишеньковий
tors

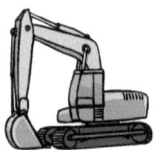

екскаватор

peltez

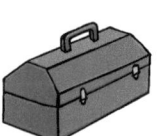

ящик для інструментів

bwat zouti

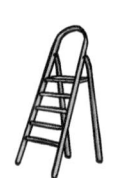

драбина

lesel

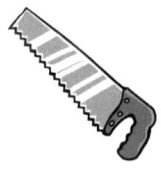

пилка

lasi

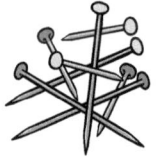

цвяхи

koulou

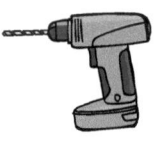

свердло

persez

ремонтувати
aranze

лопата
lapel

лайно!
Ayo!

совок
lapel

відро з фарбою
po lapintir

гвинти
vis

музичні інструменти
instriman lamizik

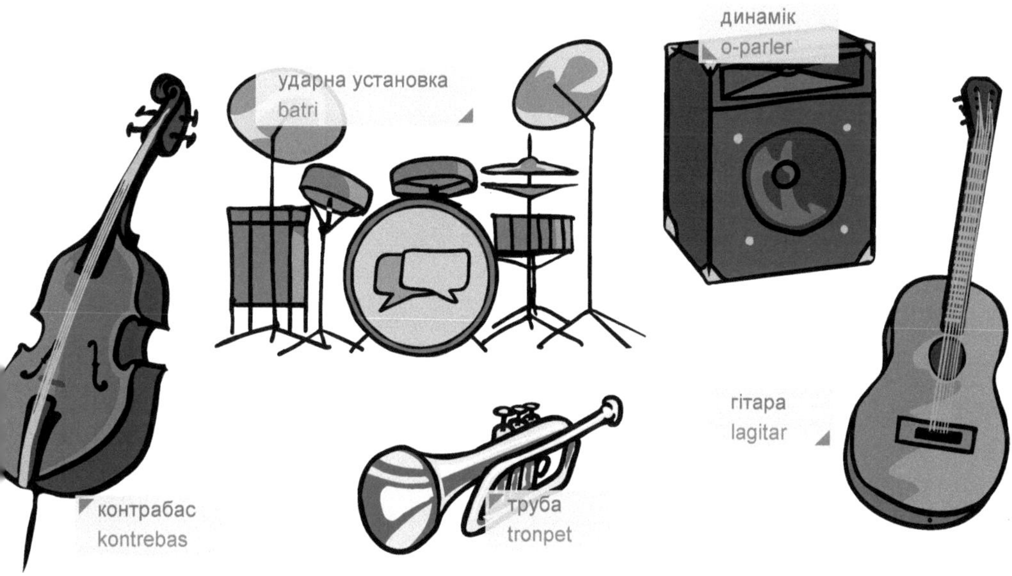

контрабас
kontrebas

ударна установка
batri

динамік
o-parler

труба
tronpet

гітара
lagitar

фортепіано

piano

скрипка

violon

бас

bas

литаври

tinbal

барабан

tanbour

клавіатура

klavie

саксофон

saxofonn

флейта

laflit

мікрофон

mikro

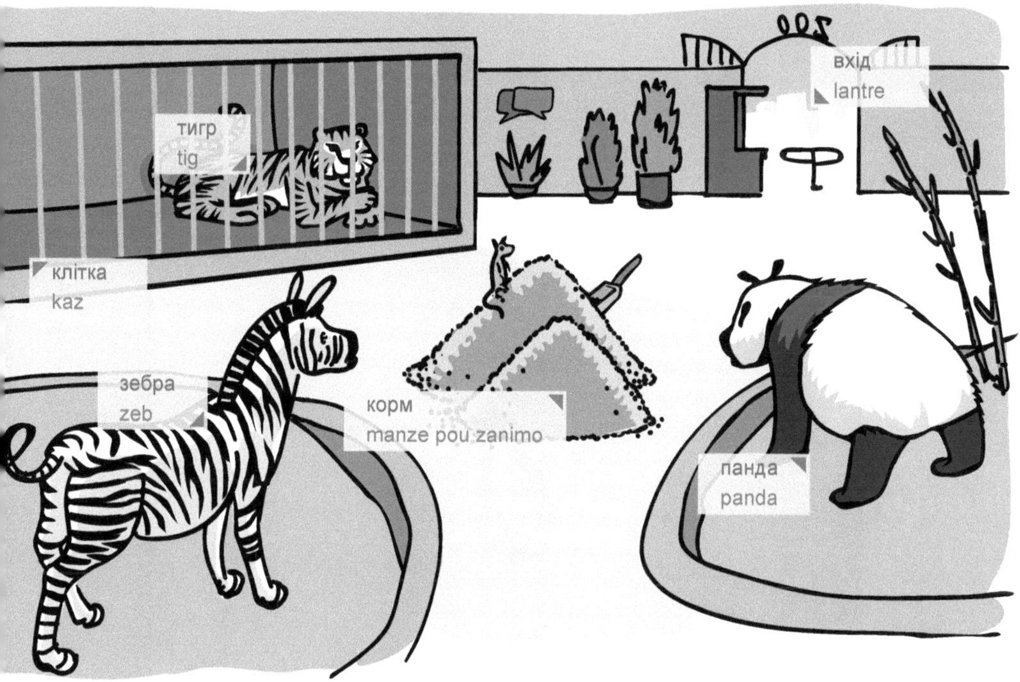

вхід
lantre

тигр
tig

клітка
kaz

зебра
zeb

корм
manze pou zanimo

панда
panda

тварини
zanimo

слон
lelefan

кенгуру
kangourou

носоріг
rinoceros

горила
gori

ведмідь
lours

верблюд

samo

страус

lotris

лев

lion

мавпа

zako

фламінго

flaman roz

папуга

peroke

білий ведмідь

lours poler

пінгвін

pingwi

акула

rekin

павич

pan

змія

serpan

крокодил

krokodil

працівник зоопарку

gardien zoo

тюлень

fok

ягуар

zagwar

поні

poney

леопард

leopar

гіпопотам

ipopotam

жираф

ziraf

орел

leg

кабан

sangliye

риба

pwason

черепаха

torti

морж

mors

лисиця

renar

газель

gazel

спорт
spor

американський футбол
foutborl ameriken

їзда на велосипеді
siklism

теніс
tenis

баскетбол
basketball

плавання
natasion

хокей
oke lor gazon

бокс
labox

футбол
foutborl

бадмінтон
badminton

легка атлетика
atletism

гандбол
handball

лижні перегони
ski

поло
polo

дії
aktivite

стрибати
sote
обіймати
maye
сміятися
riye
йти
marse
співати
sante
мріяти
reve
молитися
priye
цілувати
anbrase

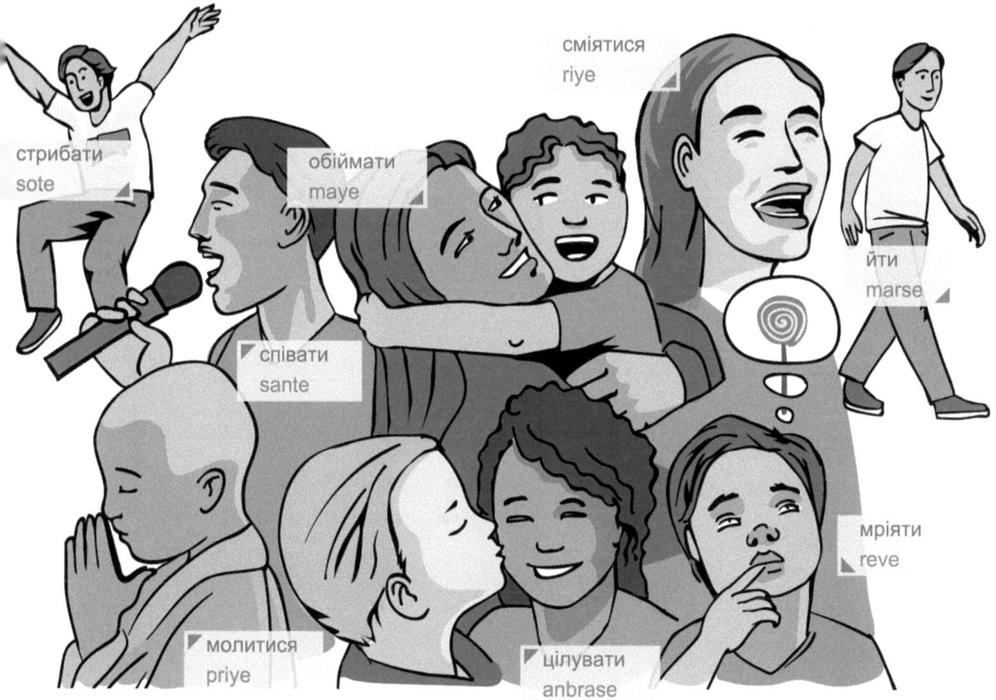

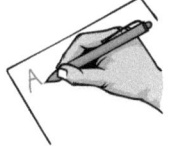

писати
ekrir

малювати
desine

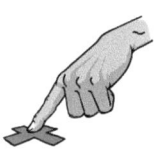

показувати
montre

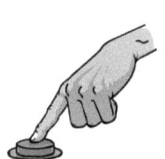

тиснути
pouse

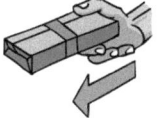

давати
done

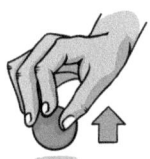

брати
pran

мати

ena

робити

fer

бути

ete

стояти

diboute

бігати

galoupe

тягнути

rise

кидати

zete

падати

tonbe

лежати

alonze

очікувати

atann

носити

amene

сидіти

asize

одягати

abiye

спати

dormi

просипатися

leve

дивитися

gete

плакати

plore

гладити

karese

розчісувати

pengne

розмовляти

koze

розуміти

konpran

питати

dimande

слухати

ekoute

пити

bwar

їсти

manze

прибирати

netwaye

любити

kontan

варити

kwi

їхати

kondir

літати

anvole

йти під вітрилом

fer lavwal

рахувати

kalkile

читати

lir

вчитися

aprann

працювати

travay

одружуватися

marye

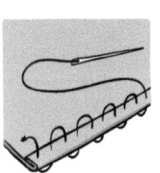

шити

koud

чистити зуби

bros ledan

убивати

touye

курити

fime

посилати

avoye

бабуся
granmer

дідуся
granper

батько
papa

мати
mama

немовля
ti-baba

донька
tifi

син
garson

гість

ot

тітка

matant

дядько

tonton

брат

frer

сестра

ser

тіло

lekor

чоло
fron
око
lizie
плече
zepol
палець
ledwa
обличчя
figir
підборіддя
manton
кисть
lame
нога
lazam
груди
tete
рука
lebra

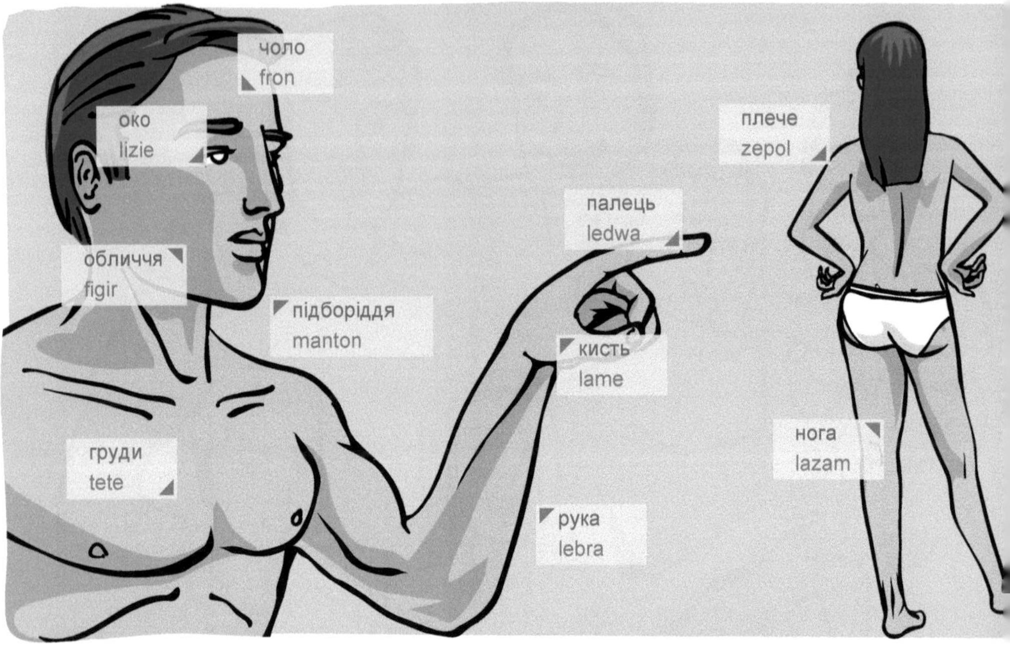

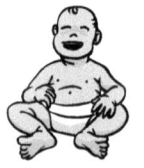

немовля

ti-baba

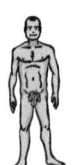

чоловік

zom

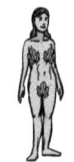

жінка

fam

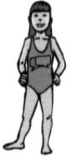

дівчина

tifi

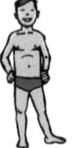

хлопчик

ti-garson

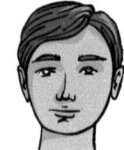

голова

latet

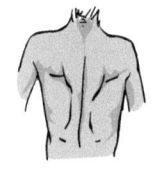

спина

ledo

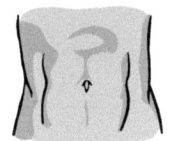

живіт

vant

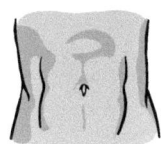

пуп

lonbri

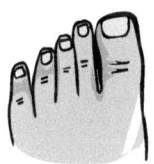

палець ноги

zortey

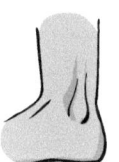

п'ята

talon

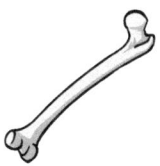

кістка

lezo

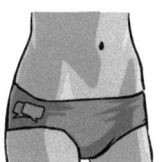

стегно

laans

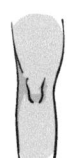

коліно

zenou

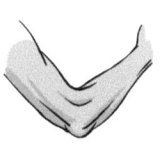

лікоть

koud

ніс

nene

сідниці

fes

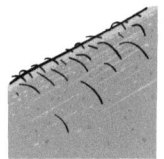

шкіра

lapo

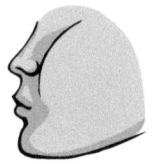

щока

lazou

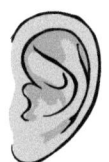

вухо

zorey

губа

lalev

рот

labous

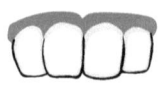

зуб

ledan

язик

lalang

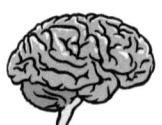

мозок

servo

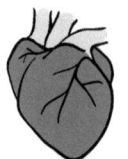

серце

leker

м'яз

mix

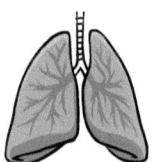

легені

poumon

печінка

lefwa

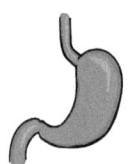

шлунок

lestoma

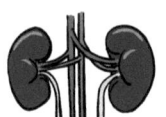

нирки

lerin

статевий акт

sex

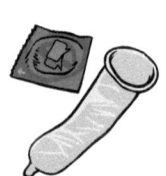

презерватив

kapot

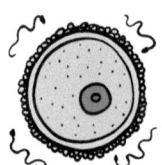

яйцеклітина

ovil

сперма

sperm

вагітність

groses

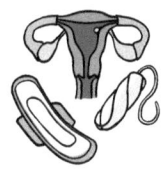

менструація
period

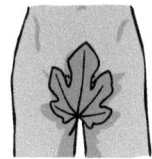

вагіна
vazin

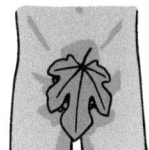

пеніс
penis

брова
soursi

волосся
seve

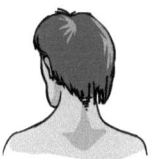

шия
likou

лікарня
lopital

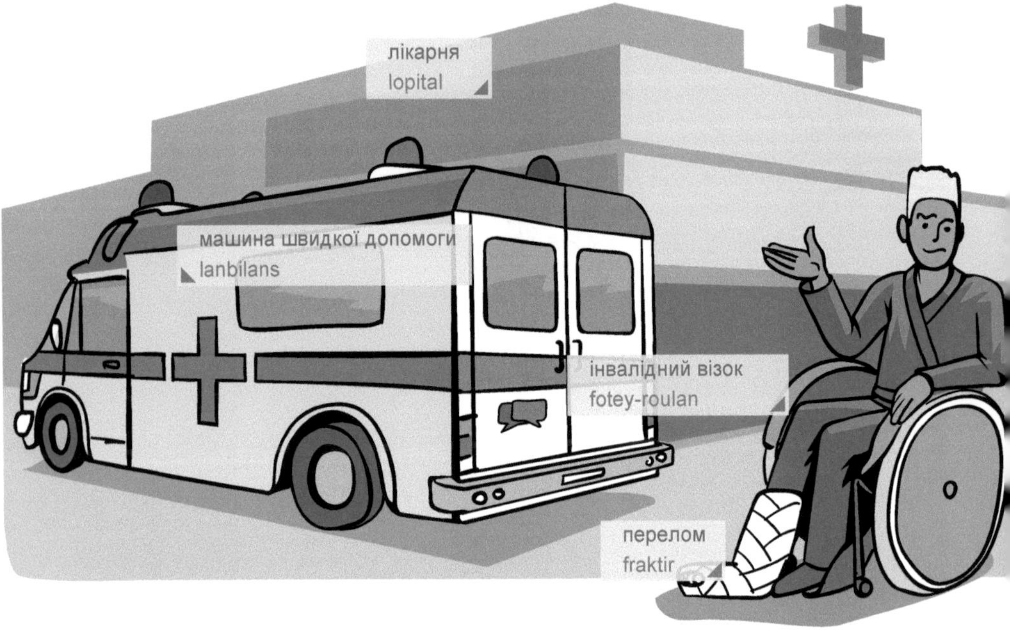

лікарня
lopital
машина швидкої допомоги
lanbilans
інвалідний візок
fotey-roulan
перелом
fraktir

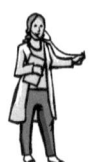

лікар

dokter

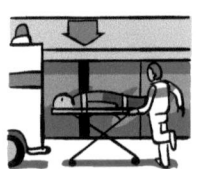

відділення швидкої медичної допомоги

servis irzans

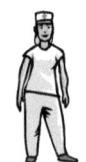

медсестра

ners

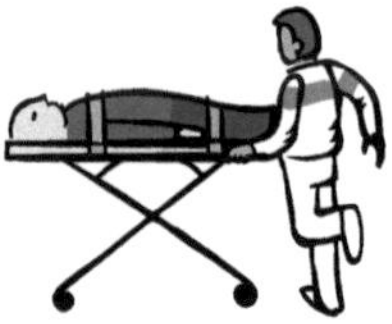

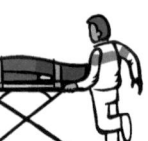

аварійний випадок

irzans

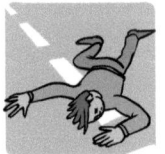

непритомний

inkonsian

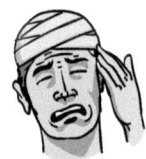

біль

douler

травма

blesir

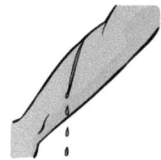

кровотеча

emorazi

інфаркт

kriz kardiak

інсульт

atak serebral

алергія

alerzik

кашель

touse

лихоманка

lafiev

грип

lagrip

пронос

diare

головна біль

malad latet

рак

kanser

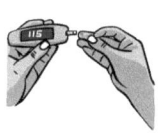

діабет

diabet

хірург

sirirzien

скальпель

skalpel

операція

operasion

КТ

CT

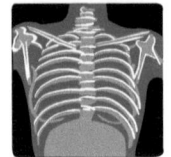

рентген

x-ray

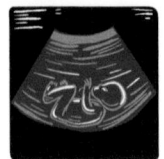

ультразвук

iltrason

маска

mask

хвороба

maladi

зал очікування

sal-datant

милиця

beki

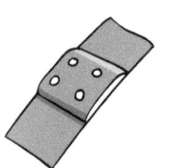

пластир

pansman

пов'язка

bandaz

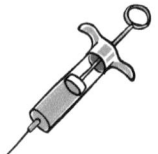

ін'єкція

inzeksion

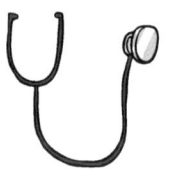

стетоскоп

stetoskop

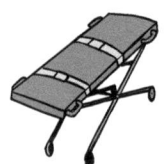

ноші

brankar

термометр

termomet

народження

nesans

надмірна вага

sirpwa

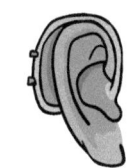

слуховий апарат

laparey oditif

дезінфікуючий засіб

dezinfektan

інфекція

infeksion

вірус

viris

ВІЛ / СНІД

HIV / SIDA

медицина

medsinn

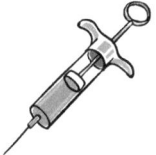

вакцинація

vaksinasion

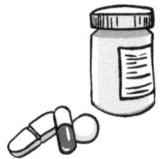

таблетки

konprime

протизаплідна пігулка

pilil kontraseptif

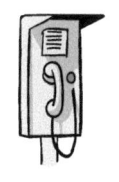

екстрений виклик

korl irzans

тонометр

laparey tansion

хворий / здоровий

malad / bien

Допоможіть!
o-sekour

сигнал тривоги
alarm

напад
atak

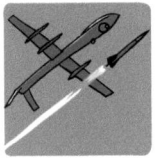

атака
atak

небезпека
danze

аварійний вихід
sorti de sekour

Вогонь!
Dife!

вогнегасник
laponp dife

аварія
aksidan

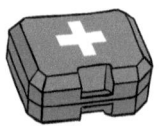

аптечка
kit first aid

COC
SOS

поліція
lapolis

Європа

Ierop

Північна Америка

Lamerik di nor

Південна Америка

Lamerik di sid

Африка

Iafrik

Азія

Iazi

Австралія

Iostrali

Атлантика

Iatlantik

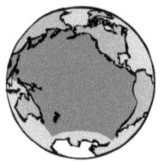

Тихий океан

pasifik

Індійський океан

Iosean indien

Антарктичний океан

Iosean antartik

Північний Льодовитий океан

Iosean artik

Північний полюс

Pol Nor

Південний полюс

Pol Sid

Антарктика

lantartik

Земля

later

суша

later

море

lamer

острів

zil

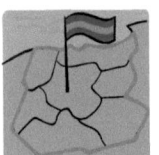

нація

nasion

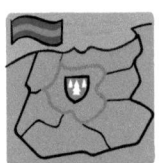

держава

leta

циферблат

kadran

годинникова стрілка

zegwi ler

хвилинна стрілка

zegwi minit

секундна стрілка

zegwi segonn

Котра година?

ki ler la ?

день

zour

час

letan

зараз

aster-la

цифровий годинник

mont dizital

хвилина

minit

година

ler

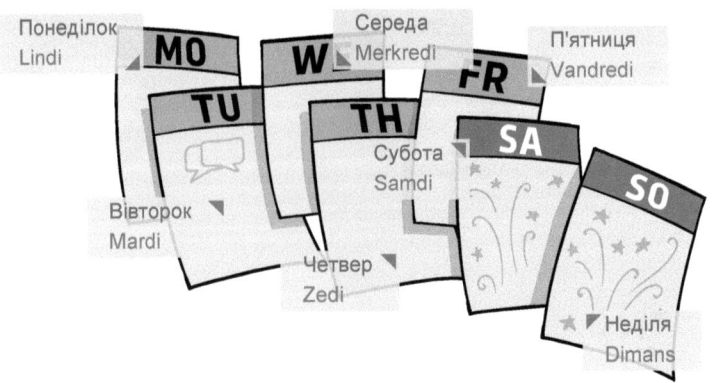

Понеділок
Lindi

Середа
Merkredi

П'ятниця
Vandredi

Вівторок
Mardi

Четвер
Zedi

Субота
Samdi

Неділя
Dimans

вчора

yer

сьогодні

zordi

завтра

demin

ранок

gramatin

опівдні

midi

вечір

aswar

робочі дні

zour travay

кінець робочого тижня

wikenn

рік
lane

дощ
lapli
веселка
larkansiel
вітер
divan[
сніг
lanez
весна
printan
літо
lete
осінь
otonn
зима
liver

4.APRIL 11°
5.APRIL 4°
6.APRIL 13°
7.APRIL 8°
8.APRIL 10°

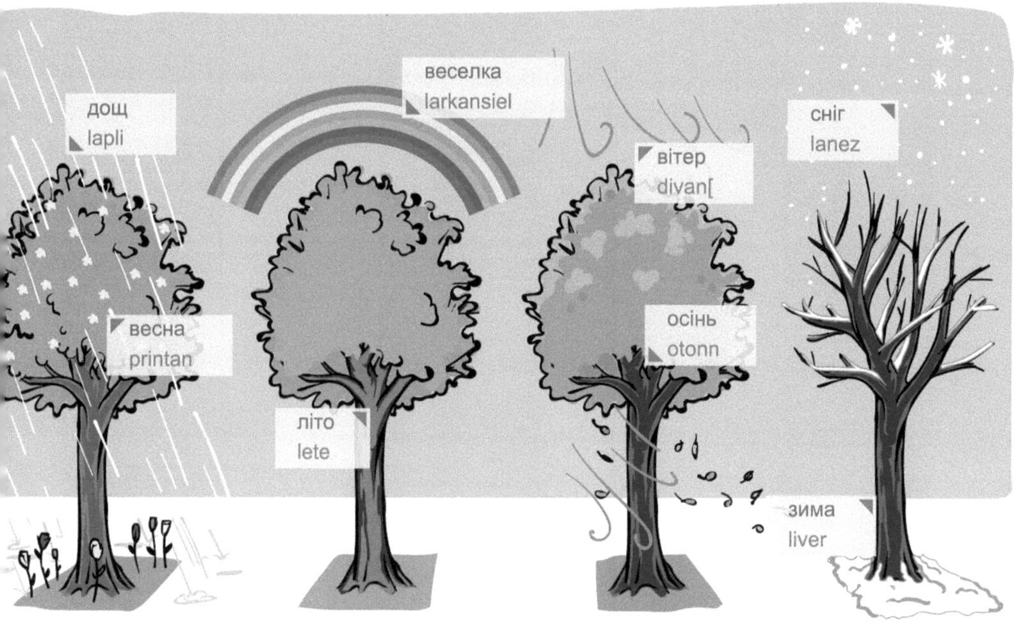

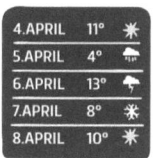

прогноз погоди

meteo

F
C
120
90
60
30
0
-30
40
30
20
10
0
-10
-20

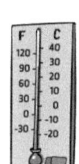

термометр

termomet

сонячне світло

lalimier soley

хмара

niaz

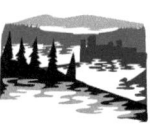

туман

brouyar

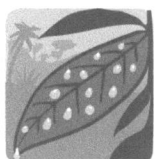

вологість повітря

limidite

блискавка

lafoud

грім

toner

шторм

tanpet

град

lagrel

мусон

mouson

повінь

inondasion

лід

laglas

Січень

Zanvie

Лютий

Fevriye

Березень

Mars

Квітень

Avril

Травень

Me

Червень

Zien

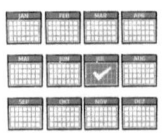

Липень

Zilie

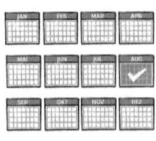

Серпень

Out

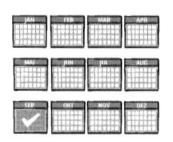

Вересень
....
Septam

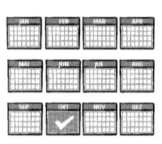

Жовтень
....
Oktob

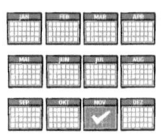

Листопад
....
Novam

Грудень
....
Desam

форми
form

круг
....
ron

квадрат
....
kare

прямокутник
....
rektang

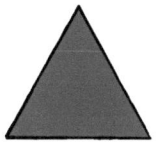

трикутник
....
triang

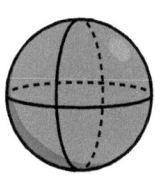

куля
....
sfer

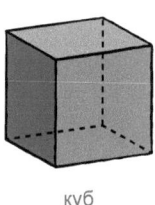

куб
....
kib

білий

blan

жовтий

zonn

помаранчевий

oranz

рожевий

roz

червоний

rouz

фіолетовий

mov

синій

ble

зелений

ver

коричневий

maron

сірий

gri

чорний

nwar

багато / мало

boukou / enn tigit

лютий / мирний

ankoler / kalm

гарний / бридкий

zoli / vilin

початок / кінець

koumansman / lafin

великий / малий

gro / tipti

світлий / темний

kler / obskirite

брат / сестра

frer / ser

чистий / брудний

prop / sal

завершений / незавершений

konple / inkonple

день / ніч

lizour / lanwit

мертвий / живий

vivan / mor

широкий / вузький

larz / sere

їстівний / неїстівний

komestib / inkomestib

злий / дружній

move / bon

збуджений / нудьгуючий

exsite / agase

товстий / тонкий

gra / mins

спочатку / востаннє

premie / dernie

друг / ворог

kamwad / lennmi

повний / порожній

ranpli / vid

жорсткий / м'який

dir / mou

важкий / легкий

lour / leze

голод / спрага

fin / swaf

хворий / здоровий

malad / bien

незаконний / законний

ilegal / legal

розумний / дурний

intelizan / kouyon

вліво / вправо

gos / drwat

поруч / далеко

pre / lwin

новий / використаний

nouvo / ize

нічого / щось

nanye / kiksoz

старий / молодий

vie / zenn

вкл / викл

demare / arete

відкрито / закрито

ouver / ferme

тихо / гучно

trankil / for

багатий / бідний

ris / pov

правильно / неправильно

bon / move

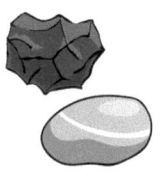

шорсткий / гладкий

brit / lis

сумний / щасливий

tris / zwaye

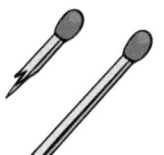

короткий / довгий

kourt / long

повільно / швидко

lan / rapid

вологий / сухий

tranpe / sek

гарячий / холодний

so / fre

війна / мир

lager / lape

0

нуль

zero

1

один

enn

2

два

de

3

три

trwa

4

чотири

kat

5

п'ять

sink

6

шість

sis

7

сім

set

8

вісім

wit

9

дев'ять

nef

10

десять

distribiter biye

11

одинадцять

onz

12

дванадцять

douz

13

тринадцять

trez

14

чотирнадцять

katorz

15

п'ятнадцять

kinz

16

шістнадцять

sez

17

сімнадцять

diset

18

вісімнадцять

dizwit

19

дев'ятнадцять

diznef

20

двадцять

vin

100

сто

san

1.000

тисяча

mil

1.000.000

мільйон

milyon

англійська

Angle

американська англійська

Angle Lamerik

китайська
високочиновницька

Mandarin Sinwa

хінді

Hindi

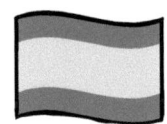

іспанська

espagnol

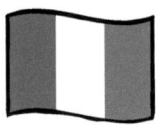

французька

Franse

арабська

Arab

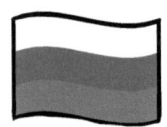

російська

Ris

португальська

Portige

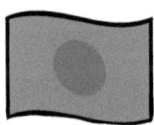

бенгальська

Bengali

німецька

Alman

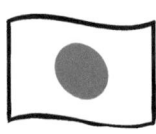

японська

Zapone

я

mo

ти

to

він / вона / воно

li

ми

nou

ви

ou

вони

zot

хто?

kisana?

що?

kiete?

як?

kouma?

де?

kotsa?

коли?

kan?

ім'я

nom

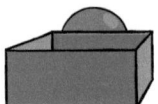

ззаду

deryer

в

dan

перед

devan

над

lor

на

lor

під

anba

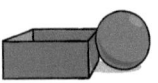

біля

akote

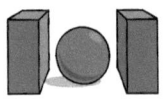

між

ant

місце

plas